书香雅集

九寨沟

姚青锋　王　鑫◎主编　书香雅集◎绘

则查洼沟

日则沟

树正沟

扎如沟

吉林科学技术出版社

九寨

人间仙境

在中国四川省西北部海拔2000米的崇山峻岭中，有一个美如仙境的地方——九寨沟。它是长江众多支流中一条30公里长的大沟，因其四条支沟贯穿九个藏族村寨而得名。沟内奇山耸立，丽水遍布，生物多样，色彩斑斓，每年吸引大量游客到此游览，素有"人间仙境""童话世界"的美誉。

见此图标
微信扫码
山河会说话
九寨沟篇

九寨沟国家自然保护区位于四川省阿坝藏族羌族自治州九寨沟县，有天然森林3万公顷、原始生态景观140多个、珍稀植物74种、国家级保护动物122种，是"国家重点风景名胜区""国家AAAAA级旅游景区""国家级自然保护区""国家地质公园""人与生物圈保护区"等，被列入《世界遗产名录》。

九个村寨

　　九寨沟里坐落着九个古老的藏族村寨——树正寨、则查洼寨、黑角寨、荷叶寨、盘亚寨、亚拉寨、尖盘寨、热西寨、郭都寨，九寨沟因此得名。在"九寨沟民俗文化村"寨口竖立着一排高大的白色宝塔，被命名为"九宝莲花菩提塔"，象征着九个村寨的团结、和谐。

上季节海

五彩池

则查洼沟

下季节海

则查洼寨

犀牛海

老虎海

黑角寨

树正瀑布

树正群海

卧龙海

郭都寨

双龙海

正

芦苇海

盆景海

扎如寺

热西寨

宝镜岩

沟口服务中心

始森林

天鹅海

日
则
沟

芳草海

箭竹海

熊猫海

熊猫海瀑布

珍珠瀑布

五花海

孔雀河道

珍珠滩

金铃海

日朗瀑布

其中，树正寨的宝塔最高、最大，所以树正寨是九个寨子中最大、最繁华、人气最高的村寨，养育着九寨沟近一半的人口。

4200

达戈绅山

三寨

拉寨

故洼寨

十寨

盘亚寨

至黄龙

至松潘

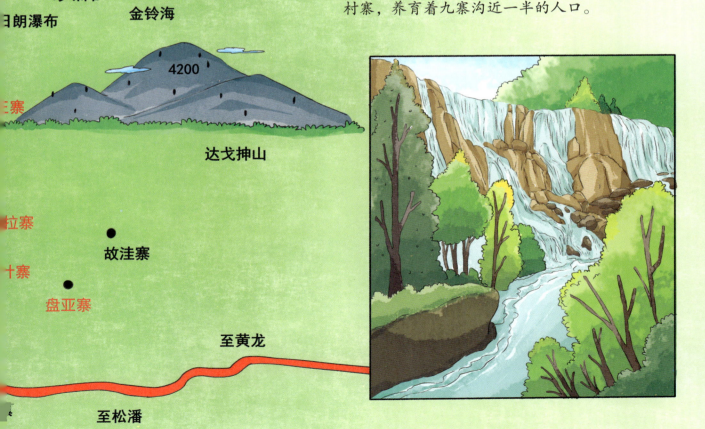

则查洼沟

四条大沟

　　树正沟、则查洼沟、日则沟和扎如沟如同四条长龙，俯卧在九寨沟的山麓上。其中，树正沟、则查洼沟和日则沟在群山大地上摆出一个壮观的"Y"字形，总长度约60公里。而扎如沟则自西北向东南流淌，刚好与"Y"字的尾巴连成一个直角交叉口，像极了高脚杯的底座。

扎如沟

九寨沟为何多沟?

九寨沟位于青藏高原向四川盆地的过渡地带,高山与峡谷地势落差较大,为沟壑的形成创造了天然条件。喜马拉雅山在板块碰撞下高高隆起,撕裂了原本平缓的海洋陆地,又经过漫长的冰川流水侵蚀,便形成了高峰耸立、千沟万壑的地貌。

水之天堂

都说"五岳归来不看山，九寨归来不看水"。在九寨沟狭长的山沟谷地中，分布着100多个大大小小的湖泊。海子、瀑布、河流、泉水、滩涂、雪峰等水景观星罗棋布，像一块块散落在山谷的翡翠，在群山映衬和日光照射下闪闪发光，如梦似幻，被誉为"水景之王"。

在地壳运动过程中，大量的冰川岩石与钙华堆积于地表，构造了九寨沟"梯田"般的地貌，使得这里湖泊丛生，湖瀑相连，草木生长于水中，飞泉悬挂在山间……这也使得九寨沟的水景观丰富多姿，形态各异，有规模巨、景型多、数量众、形态美和环境佳等特点。

海子

即湖泊，水面较平坦，通常由河流、溪流或雨水等聚集而成。

钙华

是含碳酸氢钙的地下水接近和出露于地表时，因二氧化碳大量逸出而形成碳酸钙的化学沉淀物。

雪峰

　　由于高海拔和低气温形成的积雪山脉，通常由降雨提供水源。

河流

　　自高处向低处流淌的水，通常由雨水、雪山融水提供水源。

泉水

　　是从山脉或丘陵地带地下涌出的泉水，通常由地下水流提供水源。

瀑布

　　是河流经过悬崖、高山时坠落形成的巨型水幕，水流飞溅，十分壮观。

远古大陆

在远古时期，九寨沟一带曾是汪洋大海，贝壳、海螺、鱼类和藻类在这里生存。直到第四纪（距今约258万年），地壳运动活跃，印度洋板块和欧亚板块互相碰撞，导致青藏高原隆起，海水退去，新大陆诞生。

这一构造活动引发了地质断裂、地震、火山喷发等现象，同时也塑造了九寨沟的地貌，在亿万年间雕刻出了高耸的山峰、深邃的沟谷、清澈的溪水和斑斓的湖泊。

⊞ 扫码查看

AI地理导航
听山河声纹
读大地密码
写九州奇旅

板块运动

　　在地理学领域，地球被分为太平洋板块、亚欧板块、非洲板块、美洲板块、印度洋板块和南极洲板块等六大板块，这些板块并非静止，而是一直处于运动状态。当两个板块互相靠近时，就会碰撞而诞生高原山脉；而当两个板块互相分离时，则会撕裂出沟壑，如海沟、东非大裂谷等地貌。地震、火山喷发等灾害都是板块活动的结果。青藏高原是地球上最强烈的板块运动——喜马拉雅山造山运动的结晶。

鬼斧神工

　　九寨沟一带的地表具备大量的天然石灰岩，在雪峰流水搬运下，大量钙华沉积于湖泊水下，附着于地表和植物根部，经年累月，形成了"阶梯状"的地貌。

　　相较于地表喀斯特地貌，九寨沟的喀斯特现象主要发生在地下，是一种"反向喀斯特"现象，它的具体表现形态为"钙华"。

　　钙华是一种由钙盐（通常来自石灰岩）和其他矿物质组成的沉淀物，通常以结晶或块状的形式沉淀于岩石、植物等水下物体表面。生活中最常见的"钙华"现象就是水壶里形成的水垢。

非岩溶区

漏斗

竖井

地下河

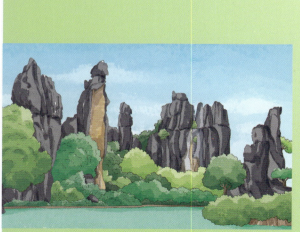

石笋

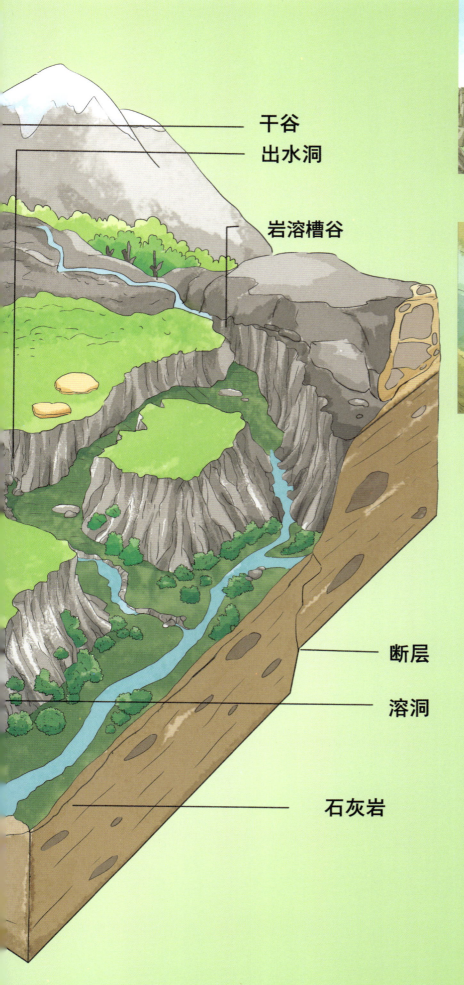

干谷

出水洞

岩溶槽谷

断层

溶洞

石灰岩

峰丛

溶洞

"喀斯特"原本是欧洲巴尔干半岛的一个地名，由于其地表密布的石灰岩经流水侵蚀后呈现出千奇百怪的姿态而闻名，后来在地理学上被用来命名流水和岩石共同作用形成的奇特地貌和地质现象。

喀斯特地貌主要分为两种：地表形态，如石芽、溶洞、湿洼地、峰丛、孤峰等；地下形态，如地下河、暗湖、石钟乳、石笋、石柱等。中国的喀斯特地貌主要分布于四川、云南、贵州、广西等四个西南省（区）。

翡翠之海

高山湖泊群是九寨沟"六绝"之首，又称为"翠海"，有长海、火花海、五花海、犀牛海、卧龙海、熊猫海、树正群海等湖泊。这里的水常年清澈见底，碧波荡漾，且鱼类较少，使得湖中藻类、植物清晰可见，为湖泊增添了多种生趣和色彩。

堰塞湖形成示意图

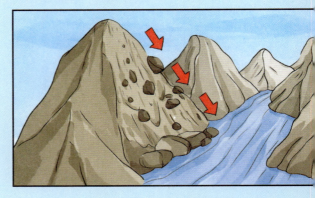

1.地壳运动导致滑坡、山体崩塌和泥石流；

见此图标▩微信扫码

山河会说话
九寨沟篇

2.堰塞体被狭窄的山沟阻拦，形成了堤坝；　　　　　3.堤坝内的水越贮越多，最后形成堰塞湖。

神奇的堰塞湖

　　长海是九寨沟最大的海子，长海的形成是九寨沟的一大天然构造奇观——堰塞湖，由于频繁的地壳运动导致高山冰雪融化、滑坡、泥石流、山体崩塌等现象，使得冰碛物、岩石、火山熔岩流被冲向谷底，在被狭窄的山沟阻拦后，形成了天然的堤坝，后又在降雨、雪水、河流等贮水后，形成了湖泊。

湖蓝之谜

　　九寨沟的湖之所以会呈现出神奇的蓝色，主要由于湖水清澈，光在水下的散射现象较强，加之湖底鱼类较少，减少了泥沙流动，使得湖水展现出天空一般的碧蓝色。

古老雪峰

　　九寨沟的山峰海拔高度大多在3500~4500米，峰峦叠嶂，白雪皑皑，经过亿万年冰川融水的切割，由此塑造出了沟内"六绝"之一——雪峰。

远古的冰雪

　　九寨沟雪峰的形成最早可以追溯到第四纪冰川时期，此时地球大幅降温，大气中的降水结冰后，在山顶发育出了高山冰川。随着气温降低，冰川从山顶延伸至海拔2800米的谷底，又塑造了冰湖、冰谷、冰斗、冰碛等神奇地貌，形成了堰塞湖。

　　如今，在这些冰川中，还保留着古生代的贝壳、树木等遗迹，是考古的一大宝藏。

尕尔纳峰是九寨沟著名的雪峰，海拔4764米，尖峭峰顶如同一顶顶冰雪斗笠。当朝阳升起时，积雪被晕染出绚丽夺目的金色光泽，光华璀璨，如同天上塔群。

冰湖

山地冰川侵蚀成的冰斗中积水而成的一类湖泊。

冰谷

由冰川侵蚀而形成的谷地。

冰斗

由冰蚀作用形成的三面环山，后壁陡峻的半圆形洼地。

冰碛

冰川运动所产生的大量松散岩屑。

瀑布天堂

九寨沟是瀑布的天堂，条条银河从雪峰飞流直下，途经山林，汇入湖泊，在梯田般的大地上奔腾坠落，水花飞溅，发出震耳欲聋的响声，形成了壮观的瀑布。而由于九寨沟独特的钙华阶梯式湖泊地貌，水流从长满树木的悬崖或滩上流出，被分成无数股细小的水流，形成了环环相扣的瀑布群，由此诞生了九寨沟"六绝"之一——"叠瀑"。

九寨沟瀑布群，主要由诺日朗瀑布、树正瀑布和珍珠滩瀑布组成，此外还有若树正群海间的梯瀑群等无数小瀑布。

壮美的诺日朗瀑布

诺日朗瀑布海拔2343米，宽达320米，落差24.5米，是九寨沟最宽阔的瀑布，也是中国大型钙华瀑布之一。在藏语中，"诺日朗"意为"男神"，象征着"高大伟岸"。而电视剧《西游记》片尾中唐僧师徒四人在瀑布上行走的画面就是在此处取景。

据说，由于钙华堆积，诺日朗瀑布每年都在"长高"，但过程极其缓慢，它每年的拔高范围在零点几到一二厘米之间。

美如莲花的树正瀑布

树正瀑布海拔2295米，高25米，瀑顶宽72米，是进入九寨沟见到的第一座瀑布，也是沟内四大瀑布中最小的一座。上游的湖水沿着浅滩直泻而下，被凸起的环形梯状钙华阻击，形成了若干状似巨形莲瓣的瀑面，远视如天海中的一朵朵睡莲常开不败，十分壮观。

九寨沟瀑布群是怎样形成的

第四纪冰川后期，气温逐渐上升，冰川消退后留下无数的冰碛湖，也就是各种大小不一的海子。由于冰碛物较为坚实，不易透水，当海子中的水越积越多，满溢出来时便形成了瀑布。瀑布的规模，主要由坝的高低长短而定。

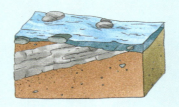

1.冰川消退留下冰碛湖。

2.湖中的水越积越多。

3.积水溢出堤坝形成瀑布。

彩色山林

同样作为九寨沟的"六绝"之一，"彩林"是大自然为九寨沟披上的一件斑斓多彩的衣裳。3万顷的原始森林在各个季节换上不同的装束，2000多种植物在这里争奇斗艳，焕发神采。尤其在秋季，山林中碧绿的松针、橙色的黄栌叶、红色的枫叶、金色的桦树、深红色的野果、褐色的芦苇交相辉映，层次分明，映衬着碧蓝色的湖水，以及水底色泽艳丽的藻类植物，将九寨沟装点成一幅斑斓多彩的油画。

叶绿素
类胡萝卜素
花青素

叶绿素
类胡萝卜素
花青素

类胡萝卜素
花青素
叶绿素

叶片细胞色素对叶片颜色的影响

树叶为什么随着季节变换而变色？

植物通过树叶的光合作用来维持生命，而叶子中的叶绿素正是采集阳光的重要成分。所以，叶绿素是树叶绿色的原因。秋季来临时，气温降低，树木减少了叶绿素的生产，导致叶绿素逐渐分解流失，而其他色素如叶黄素、类胡萝卜素等开始在叶片中积累，使得叶子呈现黄色、橙色，之后在阳光的照射下，花青素逐渐增多，树叶就会呈现出不同的颜色。

神秘蓝冰

　　入冬后的九寨沟，仿佛被蓝精灵施展了魔法，在水上、山上处处可见一些冰柱、冰球、冰挂、冰幔、冰块、冰泡、冰雕、冰湖、冰瀑布等冰景观，在阳光的照耀下泛着幽蓝光泽，像蓝色的果冻，像美丽的蓝玉，构成了"六绝"之一的"蓝冰"。而有些湖面由于温差，冰水共存，水中时不时会冒出一股股烟雾，梦幻得如同神话世界。

冰湖

冰泡

冰挂

冰瀑

九寨沟为什么会出现蓝冰？

由于九寨沟水质纯净，加之冰块中分布着无数微小的气泡，而阳光中蓝色的光波较短，遇到冰、水后容易发生散射，大量的蓝光被分离出来，使得冰块呈现出蓝色。这和天空呈现出蓝色是同一原理。不过，蓝冰并不是九寨沟独有的风景，在世界其他地方，也常常有它的身影。

扫码查看

- AI地理导航
- 听山河声纹
- 读大地密码
- 写九州奇旅

美丽藏情

　　九寨沟位于中国四川省阿坝藏族羌族自治州，处于藏族、汉族、羌族、回族等民族聚居地。这里的藏民不同于西藏藏民，他们在藏民文化的基础上融入了其他民族的印记，在居住、饮食、服饰和信仰等方面，既有鲜明的地域特色，也呈现出一种博大自由的包容性。

藏族服饰

　　由于海拔高、气温低，九寨沟藏族的服饰多为长袖、宽腰，有锦缎、皮面、素布等不同材质，并在头部、手部、腰间、胸前佩戴花色多样的饰品，通常还会戴华丽的帽子。此外，藏民还喜欢佩戴雪白的哈达，这是他们的信仰与待客的圣洁之物。

藏族美食

常见的藏族美食有酥油茶、青稞酒、糌粑（zān ba）、烤羊、牦牛肉等，还有独特的藏式小火锅、九寨菌煲、天麻乳鸽盅、九寨柿饼和九寨酸菜面等。

苯教

苯教是佛教传入藏区前藏民信仰的一种古老宗教，推崇自然崇拜和多神信仰。人们相信山川、湖泊、日月等都有生命，万物皆有灵魂。

童话世界

　　由于九寨沟位于亚热带，光照充足，植被丰富，又因处在四川盆地与青藏高原交界处，海拔在2000~4500米，地势落差大，温差大，因此这一带的气候尤其复杂。春日繁花盛开，夏日绿树丛生，秋日枫叶染红，冬日白雪飘飞。四季景色交替变幻，使九寨沟变成了一个梦幻的童话世界。

山地垂直自然带

　　在高山地区，随着海拔高度的变化，从山麓到山顶的水热状况差异很大，从而形成了垂直气候带，植被、土壤与自然景观也相应地呈现垂直分布的规律。

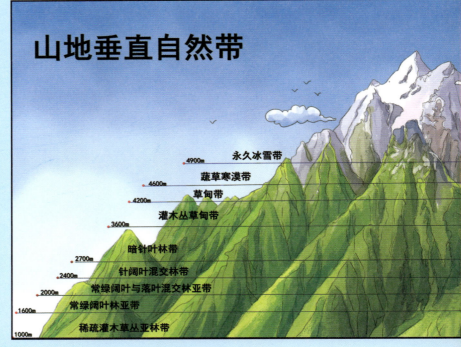

山地垂直自然带

4900m	永久冰雪带
4600m	藓草寒漠带
4200m	草甸带
3600m	灌木丛草甸带
2700m	暗针叶林带
2400m	针阔叶混交林带
2000m	常绿阔叶与落叶混交林亚带
1600m	常绿阔叶林亚带
1000m	稀疏灌木草丛亚林带

独特的气候景观

　　九寨沟具有独特的亚热带高原湿润气候，其特点为：气温低，气压小，降水少，日照充足，且风力较大。具体表现为：冬长夏短，四季温差较大。

　　极大的地势落差让山谷与山顶呈现截然不同的景观，垂直带自然分布规律在这里表现得尤为明显。谷地植被繁茂，山顶终年积雪，为生物多样性提供了天然条件。在这里，冬天和夏天似乎共存，而在秋冬之交时，山林似乎在一夜之间变身冰雪世界。

古老建筑

由于长时间与世隔绝，九寨沟中保留了大量古代建筑。这些建筑多以天然材料为主，如木头、石头等，加之经幡等彩色装饰物，与自然山水融为一体，体现了当地藏、羌民族的生活习惯和宗教信仰。

藏经楼

扎如寺

扎如寺坐落在九寨沟扎如村附近的马道中，是这一带最大的雍仲苯教寺庙。

扎如寺由大殿、藏经楼、吉祥多门塔等组成，是一座具有浓厚藏族寺庙色彩的建筑。庙前挂有五色经幡，随风而动，肃穆壮观。

大殿

碉楼

碉楼是羌族用石头堆砌成的一种三四层的房子，高大雄伟，因形似碉堡而得名。在古代它常被用于军事活动，在现代则通常用来贮存粮食。

碉楼

藏族民居

藏族民居

九寨沟的藏族民居常常依山傍水，呈台阶式分布，一般为三层木楼，底层用来储存粮食或圈养牛羊，二层用来日常居住和供奉神灵，三层则作为仓库储存草料、粮食和农具等用品。藏族民居具有浓郁的藏式特点，同时也融入了一些汉式的建造工艺。

栈道

在九寨沟的一些山壁、悬崖上，还保留了一些古老、险峭的木头栈道，如下马崖栈道，它开凿于西汉时期，是中原和巴蜀往来的重要通道。

古塔

古塔分为灵塔和佛塔两种，灵塔坐落在寺庙内，佛塔则通常立于寨子口或空旷地。蔚蓝的天空、青色的山峦和蓝色的湖水，映衬着雪白的古塔，成为九寨沟一道美丽的风景。

玛尼堆

藏族人认为石头有灵性，所以在湖边、路边、村寨入口处，常常设立一些大石堆，它们被称为"神堆"。据说，藏族工匠在制作石堆时，会向石头祈祷，以寄托对美好生活的愿望。

民俗风情

龙达

龙达是苯教的一种装饰物，有纸和布两种材质，表面印有图案和经文，再由绳子穿连，悬挂在建筑物或山上，能随风飘舞，用来祈求吉祥如意。

桑烟

桑烟又称熏香，是藏民喜爱的一种祈愿礼仪，被认为是一种祛除秽气，洁净环境，并能跟神通灵的方式。因此，在九寨沟的寺庙、佛塔、神山上，处处可见香烟弥漫，可闻到浓郁的香气。

转经筒

转经筒是一种藏传佛教的常见仪式，随着经筒转动，筒内的经文徐徐翻动，好似在翻阅经书。在九寨沟，还有一种"水转经"，它是在湍急的河流上建造转经筒，利用水流的力量日夜不停地转动经筒，以达到永久祈福的寓意。

跳锅庄

锅庄是九寨沟的一种流行舞蹈，意为"围圈跳舞"，是藏族的三大民间舞蹈之一。热情的九寨沟藏民常常用这种奔放、热烈的方式庆祝节日，以及招待远方的客人。

背水

在新年来临之际，九寨沟的藏民就会到不同的海子边烧香，跪拜，取水，再将水背回家，他们认为这是在"取圣水"。

在古代，背水是为了供家饮用。而到了现代，背水则成了藏民的吉祥习俗。

盛大节庆

民俗风情月

每年3月，是九寨沟的民俗风情月，游客可游览藏族村寨，品尝藏族美食，试穿藏式服装，制作手工艺品，欣赏丰富多彩的民间艺术表演，如国家级非物质文化遗产民间舞蹈——㑇（zhòu）舞。

嘛智文化节

4-5月，扎如寺会举行隆重的宗教祭祀祈福盛典，即九寨沟嘛智文化节。活动期间，僧人会聚集在寺院中吃斋、念经，用龙达、香烛、唐卡、转经筒等神圣器物为前来参会的客人祈福。

冰瀑节

　　为了庆祝壮观的冰瀑，景区每年都会举办各种庆祝活动，如冰雪摄影展、民俗表演、篝火晚会等，以吸引游客前来观赏和体验冬季九寨沟的独特魅力。

日桑文化节

　　6月，是九寨沟藏民们祭拜神山、神水的节日，即日桑文化节。节日期间，各村寨的人会开展背水、抱青稞袋、架粮食、走高跷、下藏式军棋等竞技比赛，别有一番风情。

藏历新年

　　每年的正月初一是藏历新年，它是九寨沟最盛大的节日。这一天人们会早早起床，穿戴上隆重的服饰，燃供灯、祭神灵、煨桑烟、打新水、跳舞等，互赠哈达、糌粑等礼物，以庆祝新年的到来。

甲蕃古城

"甲蕃",在藏语中意为"王",所以甲蕃古城就是一座"王的古城"。在唐代,西域王松赞干布曾发兵进攻大唐,藏族军队跋山涉水,自西向东前进,途经九寨沟一带,在甘海子、神仙池附近驻扎停歇。后来,藏族军队在此定居、结婚生子,慢慢形成了城镇。到公元641年,唐蕃和解,文成公主下嫁松赞干布,在此建立和亲古城。

唐朝灭亡后，吐蕃政权瓦解，但关于"甲蕃古城"的习俗、故事却在当地汉、藏、羌族百姓之间流传至今。

如今的"甲蕃古城"坐落在九寨天堂甘海子风景区，共占地近30公顷，主要由藏寨群落、大剧院、博物馆群、民居客栈和商业铺面等组成。原始古朴的石头寨子、恢宏现代的博物馆和伫立在蓝天白云下的剧院，让人仿佛步入了一条从古代穿越至现代、藏羌民族融合的艺术长廊。

AI地理导航
听山河声纹
读大地密码
写九州奇旅

扫码查看

珍稀植物

　　九寨沟的森林覆盖率超过80%，奇山异水孕育了无数珍稀植物，有冬虫夏草、雪莲、雪茶、川贝母、天麻等名贵中药，有四川红杉、星叶草、三尖杉、白皮杉、麦吊云杉、领春木、连香树等珍稀植物，还有为数不多的水绵、轮藻、水灯芯、水葱等水生植物。植物种类超过2000种。

三尖杉

领春木

雪茶

川贝母

独叶草

冬虫夏草

连香树

红豆杉

白皮杉

麦吊云杉

雪莲

星叶草

九寨沟也是一处珍稀植物保护园，共有濒危植物 82 种。其中，连香树、独叶草是来自第三纪（距今 6500 万年）的珍稀孑（jié）遗植物，银杏、红豆杉则是第四纪（距今 258 万年）冰川期存活下来的珍稀乔木。红豆杉因其生长缓慢、繁衍艰难，被誉为"植物界的大熊猫"，具有极高的药用价值，是公认的稀有抗癌植物。

野生动物

　　由于植被丰富，原始自然生态完整，九寨沟为不同的野生动物提供了赖以生存的环境。在这里，湖上有飞禽，林中有走兽，山上还有擅于攀岩的野兽……景区内有陆栖脊椎动物122种，其中鸟类93种，爬行类4种，两栖类4种……是野生动物的天堂。九寨沟有大熊猫、牛羚、金丝猴、豹、白唇鹿、扭角羚、绿尾虹雉等一级保护动物，有猕猴、小熊猫、林麝（shè）、斑羚、蓝马鸡、红腹锦鸡、红腹角雉等二级保护动物。其中，川金丝猴是九寨沟特有动物，属世界级濒危动物，因身上缕缕毛发灿若金丝而得名。据说，《西游记》中美猴王的原型就是川金丝猴。

猕猴

林麝

豹子

绿尾虹雉

红腹角雉

小熊猫

红腹锦鸡

金丝猴

野猪

白唇鹿

牛羚

蓝马鸡

人气景观

孔雀河道

孔雀河道蜿蜒在山谷间，清澈见底，波光粼粼，如孔雀羽翅展开，因此而得名。河道两岸夹生着无数花树，一到秋天，两岸层林尽染，从高处俯视，一道斑驳的激流牵扯着一个彩色的世界，像是孔雀开屏时艳丽的羽毛。

长海
五彩池
上季节海
镜海
下季节海
诺日朗瀑布
盆景滩

镜海

镜海因其湖面如镜而得名，平静的湖面倒映着美丽的山峰和蓝天白云，仿佛一面巨大的自然镜子。镜海常年水色幽蓝，宛如一块碧绿宝石镶嵌在山谷之中。

盆景滩

盆景滩的钙化滩坡度舒缓，杜鹃、杨柳、松树、柏树、高山柳和各种灌木丛矗立水中形成了千姿百态的自然盆景，一眼望去，如同在沟中摆放了一盆盆草木，十分神奇。其实它是大自然雕琢的结果，水中的钙华经年累月在植物根部沉积，形成了一个个类似盆地的基座，供植物生长。

原始森林

剑崖崖泉

天鹅湖

芳草海

箭竹海

熊猫海

孔雀河道

五花海

珍珠滩

五花海

　　由于湖底钙华和藻类的错落分布，五花海可以呈现出鹅黄、墨绿、深蓝、藏青、浅红等美丽的色泽，湖泊景观成为九寨沟一绝。

珍珠滩

　　珍珠滩没有珍珠，却有许多闪闪发光的水珠。它们是水流流经许多凹凸不平的钙华时而形成的水花，在阳光照射下，如同贝壳里的一粒粒银色珍珠。

树正群海

　　树正群海共有湖泊40余个。盆景滩、芦苇海、火花海、老虎海等，如同美丽的翡翠，为山谷戴上了一串闪闪发光的宝石项链。

神奇景象

　　九寨沟常常发生许多奇怪的现象，看似神秘莫测，实则跟这里独特的地理环境有关。

为何九寨沟鱼类很少？

都说"水至清则无鱼"，在九寨沟纯净的湖水中，确实鲜有鱼类生存，除了一些数量稀少的高山裸鲤鱼和松潘裸鲤鱼。造成这种奇特现象的原因是九寨沟的水主要来自冰雪融水，水温较低，不适合温水鱼生存。水中过高的矿物质含量也不利于水生植物繁衍，鱼类缺少食物，就鲜少在此栖息。而鱼类少，反过来使得这里的天然水底环境构造得到完整的保存，湖水显得更清澈。

填不满、流不干的"宝葫芦"

长海是九寨沟最大的海子，形状南宽北窄，像一个大葫芦，被当地人称为"宝葫芦"。神奇的是，长海没有入水口和出水口，但湖水夏秋不满溢，冬春不干涸，非常神奇。其实，九寨沟的湖水来源，除了高山冰雪融水、降雨，还有大量的地下渗水。在我们看不见的地下，长海通过渗水补给和周围的湖泊互相渗透补给，这是它填不满、流不干的秘密。

神奇的再生树

在九寨沟的湖泊中，常常有一些浸泡在水中的木头，看似腐木，却能抽枝散叶、开花结果。其实，那是腐木上生长了一些其他小型草木，由于九寨沟的湖水中富含钙华，当钙华包裹住树木，使其变成了类似石头的钙华木后，水草和小型灌木就可以在木头上生长了。

图书在版编目（CIP）数据

九寨沟 / 姚青锋，王鑫主编；书香雅集绘.
长春：吉林科学技术出版社，2025. 4. --（少年中国地
理 / 姚青锋主编）. -- ISBN 978-7-5744-2009-0

Ⅰ. K928.3-49

中国国家版本馆CIP数据核字第20251WK503号

少年中国地理
SHAONIAN ZHONGGUO DILI

九寨沟
JIUZHAIGOU

主　　编　姚青锋　王　鑫
绘　　者　书香雅集
出 版 人　宛　霞
责任编辑　李思言
助理编辑　丑人荣
幅面尺寸　210 mm×285 mm
开　　本　16
印　　张　3
字　　数　38千字
印　　数　1～5000册
版　　次　2025年4月第1版
印　　次　2025年4月第1次印刷

出　　版　吉林科学技术出版社
发　　行　吉林科学技术出版社
地　　址　长春市福祉大路5788号出版大厦A座
邮　　编　130118
发行部电话/传真　0431-81629529　81629530　81629531
　　　　　　　　　81629532　81629533　81629534
储运部电话　0431-86059116
编辑部电话　0431-81629516
印　　刷　武汉市卓源印务有限公司

书　　号　ISBN 978-7-5744-2009-0
定　　价　39.80元

山河会说话

写 九州奇旅
时空穿梭者的地理手札

读 大地密码
透视万年地质史诗

听 山河声纹
解码大地母语与文明回响

AI 地理导航
数字人导游『九九』带你时空解码

数字导游带你看遍九州经纬

九寨沟篇

"码"上发现